AF410940

LE CALENDRIER DES VIEILLARDS,

OPERA COMIQUE

EN UN ACTE,

Représenté pour la premiere fois sur le Théâtre de la Foire S. Germain le 7 Avril 1753.

Le prix est de 24 sols avec la Musique.

A PARIS,

Chez **DUCHESNE**, Libraire, rue saint Jacques, au-dessous de la Fontaine saint Benoît, au Temple du Goût.

M. DCC. LIII.

Avec Approbation & Privilége du Roi.

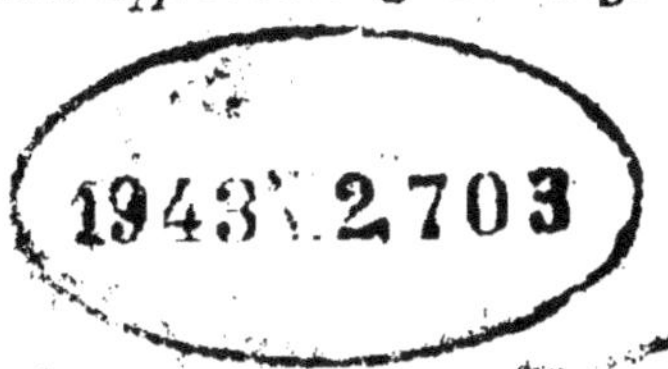

ACTEURS.

PAGAMIN, Corsaire.

RICHARD DE QUINZICA.

BARTHOLOMÉE.

FATIME.

PIERROT.

La Scene est au Sérail de Pagamin.

LE
CALENDRIER
DES VIEILLARDS,
OPERA COMIQUE
EN UN ACTE.

SCENE PREMIERE.
BARTHOLOMÉE, FATIME.

FATIME.

AIR. *Jean, faut-il tout vous dire.*

O u s m'avez dit en racourci
Ce qui vous a conduite ici,
Daignez mieux m'en inftruire.

BARTHOLOME'E.

C'eft te parler de mon bonheur ;
Tout ce qui flatte notre cœur,
On veut toujours le dire.

A ij

Air. *La mort de mon chere Pere.*

A la mort de mon pere,
Jeune encore, sans esprit,
Un vieux sexagenaire,
Dans sa maison me prit,
Hélas ! j'étois si bonne .
Qu'il étoit tout pour moi ;
Et rien dans sa personne
Ne me causoit d'effroi.

FATIME.

Air. *Baise-moi donc, me disoit Blaise.*

Cette erreur ne vous dura guère,
Eh bien, eh bien, aprenez-moi, ma chere,
Comment elle se dissipa.

BARTHOLOME'E.

Je vous le dis avec franchise,
Un je ne sçais quoi me frappa,
Tout à coup je vis ma sottise.

Air. *Le tout par nature.*

En secret je sentis là,
Sans sçavoir comment cela ;

FATIME.

Quelque Blondin vous charma.

BARTHOLOME'E.

Oh ! non, je vous assure.
Mon cœur de lui s'éloigna,

Le tout par nature.
Il me parut infupportable.

FATIME.

Oui , tel qu'il étoit ; mais comment ce dégoût
vous vint-il donc enfin ?

BARTHOLOME'E.

Un beau jour de Printems.

AIR. *Ah ! le joli mois de Mai.* N°. 1.

Au jardin d'un air diftrait ,
J'allois rêver feulette ,
Quand j'ouis fous un bofquet
Chanter la fauvette ;
Oh ! Mai , oh Mai , oh le joli mois de Mai,

Je m'approche tout exprès ,
Afin de mieux l'entendre ,
Un ferin étoit tout près ;
Qu'il avoit l'air tendre ,
Oh ! Mai , &c.

Epris de tous fes attraits
Il voltige autour d'elle ,
Il fuit , revient , puis après
Badine d'une aîle.
Oh ! Mai , &c.

La Fauvette alors fe taît
Dieux ! quel autre langage !
Mon cœur s'échauffe en fecret
A leur badinage ,
Oh ! Mai , oh ! Mai , oh le joli mois de Mai.

FATIME.

Et vous ne trouvâtes en rentrant au logis qu'un
ferin bien mauffade, n'eft-il pas vrai ?

BARTHOLOME'E.

Ce fut bien pis, Fatime, lorfqu'il me parla de
m'époufer.

AIR. *J'allois traire ma vache.*

Craignant que ma trifteffe,
Ne put me caufer la mort,
Son cœur plein de rudeffe,
Se fit enfin un effort.

AIR. *Babet que t'es gentille.*

Pour calmer mon chagrin,
Sa tendreffe revêche
M'offrit un beau matin,
Le plaifir de la pêche,
 Je le pris au mot,
 Et tout auffi-tôt ;
Nous nous mîmes fur l'onde ;
Le flot devant nous s'abaiffoit ;
Le Zéphir badin nous pouffoit
Et Richard d'aife s'écrioit,
 Tout ici nous feconde.   *bis.*

AIR. *Entre l'amour & la raifon.*

Dans ce moment le Ciel voulut
Qu'un Corfaire nous apperçût,

Comme il avoit le vent en poupe
Bien-tôt il nous joignit, hélas !

AIR. *Printems dans nos boccages.*

Auffi-tôt une troupe ,
De fes plus fiers foldats.

AIR. *Nanon dormoit.*

Le fabre au vent ,
Saute dans la nacelle ,
Dans ce moment ,
Ventrebleu , qu'elle eft belle ,
Leur dit le Commandant.

AIR. *Si Maman ne fut venue.*

Hélas ! un inftant plus tard ,
S'il ne m'avoit fecourue ,
Hélas ! un inftant plus tard ,
J'étois , j'étois perdue.

AIR. *Je n'ai pas le pouvoir.*

Auffi-tôt vers moi s'avançant ,
Dans fes bras il me prend ,   *bis.*
Et me portant deffus fon bord.

AIR. *O Pierre , ô Pierre.*

La Mer étoit tranquille ,
Tout fervoit fon effort ,
Il lui fut bien facile
De s'éloigner du Port.
Ma chere ,
Ma chere ,
Voilà quel fut mon fort.   A iv

FATIME.

Le merveilleux enlevement ! Car Pagamin ne reſſemble guère à votre Tuteur.

AIR. *Venus vous traite en rivale.*

Le François le plus aimable,
Seroit-il plus accompli ?
Sa perſonne eſt agréable,
Et ſon eſprit eſt poli ;
Oui, vous pouvez de ce Maître
Attendre un heureux deſtin,
C'eſt pour nous un bonheur d'être
Eſclaves de Pagamin.

BARTHOLOME'E.

AIR. *Voici les Dragons qui viennent.*

Je vois quelqu'un qui s'avance,
Je tremble d'effroi ;
Ah ! Ciel, quelle reſſemblance !
Viens, je tombe en défaillance.
Sauve-moi.

SCENE II.

RICHARD, PIERROT.

PIERROT.

Air. *Matanturelurette.*

JARNONBILLE que ces Mers
M'ont fait craindre de revers,
On n'y marche qu'à courbette,
Turlurette,
Turlurette, matanturlurette.

Je n'oublierai jamais cette grosse vague qui étoit
haute comme une montagne.

Air. *Des fraises, des fraises.*

Contre ces flots enragés,
Qu'auroient fait vos pistoles ?
Une fois dans l'eau plongés,
Nous aurions été mangés
Des soles, des soles, des soles.

RICHARD.

Air. *Menuet d'Isis.*

C'est l'amour qui m'a fait mon enfant,
Triompher des écueils & du vent ;

Si ces lieux m'offrent Bartholomée ,
Plaindrai-je encor les maux que j'ai foufferts ,
Pour l'objet dont mon ame eft charmée ;
Je ferois plus que de paffer les mers.

On nous a bien dit , ce me femble , que c'étoit ici que ce traître de Pagamin faifoit fon féjour ordinaire.

PIERROT.

D'accord , mais voudra-t'il vous écouter ?

AIR. *Margot fur la brune.*

La pupile eft belle ,
Fraîche , toute nouvelle ,
Et fon fein recele
Les lis & le corail ,
Je crains , morguienne ,
Malgré l'antienne ,
Qu'il ne la tienne
Dans fon bercail ,
C'eft un vrai bijou de Sérail.

RICHARD.

AIR. *Puifqu'on entre à l'Opéra.*

Chez le peuple Mufulman ,
On fait tout pour l'argent.

PIERROT.

Ah ! qu'un François eft furpris

De cette méthode ,
Dieu sçait si dans son pays
On en suit la mode.

RICHARD.

Que diable veut-il dire ?

PIERROT.

Vous m'entendez de reste , Monsieur , vous allez acheter chat en poche , le moindre petit inconvénient peut pourtant faire une grosse différence sur le prix.

Air. *Tu croyois en aimant Colette.*

Votre empressement est extrême ,
Mais retenez cette leçon ,
C'est qu'on n'achette pas de même
La fleur , la farine, ou le son.

C'est une marchandise bien casuelle qu'une fille.

Air. *Non , je ne ferai pas ce qu'on veut que je fasse.*

Comme en votre jardin vous voyez une pêche ,
Paroître à vos regards toujours vermeille & fraîche ,
Un rien peut la faner & ternir sa couleur ,
N'y toucher que du doigt c'est en ôter la fleur.

RICHARD.

Si tu sçavois comme moi, comme elle sçait se faire respecter ; va , elle en aura imposé à Pagamin.

PIERROT.

Monſieur, Monſieur, ce n'eſt pas là ce qu'on dit
des Turcs.

RICHARD.

Tais-toi.

Air. *Charmante Gabrielle.*

> Quel plaiſir cette Belle
> Prendra-t'elle à me voir ?
> Je ſuis adoré d'elle ,
> Je fais tout ſon eſpoir ,
> Je brûle de paroître
> 　A ſon regard.

PIERROT.

> Mais vous ſerez peut-être
> 　Venu trop tard.

Air. *Et y allons donc , Mademoiſelle.*

> Croyez-vous donc qu'elle oublie
> Que votre eſprit eſt jaloux !
> 　Elle ne prit de ſa vie ,
> 　Aucun plaiſir avec vous ,
> Autre choſe eſt en Turquie
> Où les momens ſont ſi doux.

Vous la traitiez avec une rigueur!

RICHARD.

Avois - je d'autres moyens de me conſerver ſon
cœur ? Je brûle de la revoir , quelle félicité pour
elle de me revoir auſſi.

PIERROT.

Air. *J'ai vû la rose.*

Bartholomée,
Peut de son ravisseur
S'être enflammée,
De cela j'ai grand peur ;
Le Turc est beau , bienfait
Je crains que cet attrait ,
Monsieur , ne l'ait charmée;
Droit au solide alloit
Bartholomée.

RICHARD.

D'ailleurs Pagamin ne resistera point à la somme que je lui porte , il me la fera voir , il me la rendra ; frappe te dis-je à cette porte.

Pierrot frappe.

SCENE III.

PAGAMIN , RICHARD , PIERROT.

PAGAMIN.

Air. *Ne m'entendez-vous pas.*

EH bien , que me veut-on ?
Pour frapper de la porte.

PIERROT.

L'ardeur qui nous transporte ,

Nous trouble la raifon ,
Monfieur le Turc , pardon.

RICHARD.

Eft-ce au Seigneur Pagamin à qui j'ai l'avantage
de parler ?

PAGAMIN.

C'eft lui-même , que lui voulez-vous ?

RICHARD *bas à Pierrot.*

Il a l'air bon-homme tout-à-fait.

PIERROT.

Air. *Stila qu'a pincé Bergopfoom.*

En François beaucoup mieux qu'en Grec , *bis.*
Nous vous faifons falamalec , *bis.*
Si ce n'eft pas trop vous déplaire ,
En deux mots voici notre affaire.

Air. *Au bout du monde.*

Nous venons chercher une Belle ,
Qu'en votre Sérail on recelle ,
En grace nous le demandons ;
Car pour cette Blonde
Exprès nous venons ,
Du bout du monde.

PAGAMIN.

A votre air encore plus qu'à vos vêtemens , il eft
aifé de vous reconnoître.

Air. *Vous qui donnez de l'esprit.*

Vous êtes de ce canton
Le plus beau du monde,
Le plus beau du monde,
Vous êtes de ce canton.

PIERROT.

Où l'esprit abonde
Plus que la raison.

RICHARD.

Oui, nous sommes François, je m'appelle Richard de Quinzica & je viens retirer de vos mains une jeune personne que vous m'enlevâtes dernierement avec tant de cruauté.

Air. *De tout les Capucins du Monde.*

On la nomme Bartholomée,
Et vous la tenez enfermée;
Pour elle j'ai passé les mers,
La peine qu'elle m'a donnée
N'est rien si je brise les fers,
De cette pauvre Infortunée.

PAGAMIN.

Air. *Je suis, je suis malade d'amour.*

L'objet que vous cherchez ici,
Mérite bien vos peines,
Mais cessez de penser aussi
Qu'il ait porté des chaines;

De fes traits comme vous ébloui ,
Chacun porte les fiennes.

Bartholomée feroit efclave ? Elle eft faite pour
commander par tout.

PIERROT.

AIR. *Pour voir un peu comment ça fra.*

Hélas *!* ce que j'avois prévû ,
Par malheur eft trop véritable ,
De la pupile il eft feru ,
Et le drôle fait l'agréable ;
Monfieur , offrez lui de cela ,
Pour voir un peu , *bis.* comment ça fra.

RICHARD.

AIR. *Mais tout cela n'eft rien lorfque l'amour*
eft Médecin.

Pour l'objet qui m'enchante ,
Faut-il dix mille écus ?

PIERROT.

La fomme eft bien touchante ,
Pour craindre vos refus ,
Je vois qu'elle vous tente.

PAGAMIN.

Non ....

PIERROT.

J'en fuis fort furpris ,
Nous aurions à ce prix ,
Cinq à fix Nymphes de Paris.

RICHARD.

RICHARD.

Air. *C'est la pure vérité.*

Quand vous fçaurez que fon cœur
Pour moi feul a de l'ardeur,

PAGAMIN.

Pour vous ?

RICHARD.

La chofe eft certaine,
Au doux penchant qui l'entraîne
En vain elle a refifté,
Elle eft folle de fa chaîne,
C'eft la pure vérité.

PAGAMIN.

(*bas.*)

O Ciel, ne me tromperoit-il pas ?

RICHARD.

Air. *Eft-ce que ça fe demande ?*

Vous feriez beau comme Adonis,
Vous auriez la puiffance,
Des Bachas de votre pays,
Ou des Traitans de France,
Que je vous jure fur ma foi,
Que la Beauté que j'aime,
De s'en retourner avec moi,
Fera fon bien fuprême.

B

PIERROT.

Air. *Margot va-t'en dire à Nanon.*

Monſieur, parlez-moi ſans façon,   *bis.*
En nous rendant Bartholomée,
D'un mêt ſi friand & ſi bon,
N'auriez-vous eu que la fumée?

PAGAMIN *bas.*

Je n'ai pû m'aſſurer encore de ſon cœur, je vais
l'éprouver.

Air. *Les cœurs ſe donnent troc pour troc.*

Je te la donne ſans rançon
Si c'eſt toi que ſon cœur préfere.

RICHARD.

Ah! Seigneur Pagamin, que je vous embraſſe.

PAGAMIN.

Mais s'il n'en eſt rien, trouve bon,
Que nous ne faſſions point affaire.

RICHARD.

Ah! l'honnête homme.

PAGAMIN.

Je ne ſçais point aimer en maître, & je déteſte à
cet égard les mœurs de mon pays.

Aɪʀ. *Non, je ne ferai pas ce qu'on veut que je fasse.*

Ne croyez pas non plus que mon honneur confie
La vertu d'une fille à ces monftres d'Afie,
Du Serail des Soudans, gardes injurieux,
Et des plaifirs d'un maître, efclaves odieux.

PIERROT.

Voilà un Turc qui eft tout à fait francifé.

PAGAMIN.

Aɪʀ. *Le Seigneur Turc a raifon.*

Mais je veux la prévenir
Sur votre vifite,
Elle doit ici venir,
Retirez-vous au plus vite.

PIERROT *lui frappant fur l'épaule.*

Le Seigneur Turc a raifon,
Je le trouve un bon garçon,
Et lui crois du mérite.

SCENE IV.
PAGAMIN *seul.*

NON, il n'eſt pas poſſible que ce Vieillard ſoit aimé comme il le dit ; mais mon ſort doit s'éclaircir par l'épreuve que je vais faire.

AIR. *Je vois venir Lizette.*

C'eſt elle qui s'avance,
Et l'amour la devance ;
Quel ſera mon malheur
Si Richard a ſon cœur.

SCENE V.
PAGAMIN, BARTHOLOMÉE.
PAGAMIN.

AIR. *Dans ce ſéjour tout peint l'amour.*

QUoi, l'objet de ma tendreſſe
Fera ſans ceſſe
Mille ſoupirs,
C'eſt envain que par les plaiſirs
Je cherche à banir ſa triſteſſe ;
Tout vous parle chaque jour
Dans ce ſéjour,
De mon amour.

BARTHOLOME'E.

AIR. *Eh ! comment pourroit-on refuser.*

Et comment
Ici peut-on en croire un Amant
Dont le talent
En aimant
Se fait de tout un amusement ?
La constance
Jamais dans ces climats
N'exerce sa puissance,
On ne s'y fixe pas ;
Chaque jour on encense
De nouveaux appas.

PAGAMIN.

AIR. *J'ai vû de notre Roi la Cour.*

Quand on a vos attraits ,
Jeune Bartholomée ,
Peut-on craindre jamais
De n'être plus aimée ;
O gué & lon lanla , &c.

Mais vous ignorez ce qui se passe ici.

BARTHOLOME'E *bas.*

Dieux ! que va-t-il me dire ?

PAGAMIN.

AIR. *Monsieur le Prevôt des Marchands.*

Votre Tuteur est dans ces lieux.

BARTHOLOMÉE *bas.*

Je n'en avois pas cru mes yeux.

PAGAMIN.

Il dit qu'il a votre tendreſſe ,
Eſt-il un mortel plus heureux ?
S'il dit vrai , je tiens ma promeſſe ,
Je vous rends , ingrate , à ſes vœux.

BARTHOLOME'E *bas.*

Il croit que je ſoupire pour un autre ! non ; le cruel ne m'a jamais aimée.

PAGAMIN *bas.*

Me dit-elle ſeulement qu'elle n'aime point Richard ?

BARTHOLOMÉE.

Air. *Il faut partir , il faut partir.*

Je n'entends que trop votre envie ,
De ces lieux il faut me bannir ,
On ne veut plus m'y retenir ,
Et pourquoi m'aviez vous ravie ?
S'il faut partir, s'il faut partir.

PAGAMIN *bas.*

Quel eſpoir ! Mais attendons l'entrevue.
Air. *Vaudeville du Magnifique.*
Ce départ de vous doit dépendre ,
J'ai remis mon ſort dans vos mains ;
Si le plus heureux des humains
Richard , à vous ſeul peut prétendre ,
Si vous l'aimez , dès aujourd'hui
Vous pourrez partir avec lui.

SCENE VI.

BARTHOLOMÉE *seule.*

AIR. *Non, tu n'aimes pas.*

O Dieux ! quel est ma peine !
En ces lieux mon Tuteur ?
On permet qu'il m'enmene ,
On veut qu'il ait mon cœur ;
Je te croyois plus tendre
Cher Pagamin , hélas !
Tu ne veux pas m'entendre ,
Non , tu ne m'aimes pas.

AIR. *Bois chéris.* N°. 2.

Dieu puissant , tendre amour , décide mon bonheur ,
Fais entendre mes vœux à l'objet qui m'enflamme ,
Hate toi, vole dans son cœur ,
Viens-y porter ma vive flamme.

SCENE VII.

BARTHOLOMÉE, FATIME.

FATIME.

AIR. *Prend ma Philis.*

QUELLES font donc les allarmes
Qui vont ici nous troubler ?
Pagamin verse des larmes ,
Je viens de les voir couler.

B iv

BARTHOLOME'E.

AIR. *Des fraises, des fraises.*

Eft-il bien vrai qu'il pleuroit?

FATIME.

N'eft-ce pas pour vos charmes ?

BARTHOLOME'E.

Croirai-je qu'il gémiffoit ?

FATIME.

Et oui , Madame, il verfoit
Des larmes , des larmes , des larmes.

BARTHOLOME'E.

AIR. *Romance de M. Rameau le neveu.* No. 3.

Puis-je me flatter d'être aimée ,
Il croit mon cœur
Rempli d'une autre ardeur ;
Il penfe que je fuis charmée
De ce Tuteur
Qui me fut en horreur.
A ce tiran
Dans un inftant
Il rend Bartholomée ;
D'un œil indifferent ,
L'inconftant
Voit mon éloignement.

FATIME.

Et moi je n'en crois rien,

BARTHOLOME'E.

Air. *Pour passer doucement la vie.*

Mais s'il faut que dans ma patrie
J'aille revivre dans les fers,
Je sçaurai pour finir ma vie
Me précipiter dans les mers.

Elle sort.

SCENE VIII.

FATIME, PIERROT.

FATIME.

QUEL est cet original ci ?

PIERROT.

Air. *Finette avec moi s'engage.*

Bonjour, gentille femelle
Que le sort offre à mes yeux ;
Ah ! ventrebleu qu'elle est belle,
J'en ai le cœur tout joyeux ;
Que dis-je, malheureux,
Si l'on me surprenoit avec elle,
Que dis-je, malheureux,
On pouroit éteindre mes feux.

Ah ! pauvre Pierrot, dans quelle embuscade viens-tu de donner ?

FATIME.

Tu fais le galant, je crois.

PIERROT.

Moi, le galant ? Nanni morgué, je n'ai garde,
j'ai trop peur pour cela.

FATIME.

Air. *A la façon de Barbary.*

Qu'est-ce qui trouble tes esprits ?

PIERROT.

La plaisante demande,
Je sçais l'usage du pays
Et ma frayeur est grande.

FATIME.

Dis-moi, qu'apréhendes-tu donc ?
La faridondaine, la faridondon.

PIERROT.

C'est qu'on vous accommode ici,
Biribi
A la façon de Barbari
Mon ami.

FATIME *riant.*

Ah, ah, ah, ah, ah, ah.

PIERROT.

Voyez la belle chienne d'histoire pour vous mocquer.

FATIME.

Rassure toi mon pauvre garçon , Pagamin n'est pas jaloux.

PIERROT.

Pagamin ? Je viens sçavoir de lui l'heure à laquelle mon Maître poura revoir Bartholomée ; mais l'amour m'en veut , je le vois bien.

Air. *Je viens trouver la Follette.*

Il vous a mise en vedette ,
Je ne croyois pas ,
Vous trouver ici seulette ,
Ah ! quel embarras !
Mon cœur prend comme allumette
Près de vos appas.

Tenez , je me sens tout à coup aussi brave que j'étois poltron tout à l'heure.

Air. *C'a que je te mette.*

Vos yeux ma brunette
Au Dieu qui me guette ,
Servent de cachette ,
Voyez mes soupirs ;

J'ai mille defirs ,
Ah quelle gorgerette ,
Que ton œil brunette
Promet de plaifirs.

SCENE IX.

FATIME , PIERROT , RICHARD.

RICHARD.

AIR. *Riez , riez , riez donc.* No. 4.

HE' bien , que fais-tu là ?

FATIME.

Il me conte fa gamme ,
Il a bon air à ça....   *Elle rit.*

PIERROT.

Pefte foit de la femme ,
Et riez riez donc ;
J'enrage dans mon ame ,
Et riez , riez donc ,
Beau chien de tendron !

RICHARD.

As-tu parlé à Pagamin , aurai-je bientôt l'entrevue qu'il m'a promife !

PIERROT.

Ma foi le voici lui-même.

SCENE X.

FATIME, RICHARD, PIERROT, PAGAMIN.

PAGAMIN.

AIR. *Quand le péril est agréable.*

BARTHOLOME'E ici s'avance.
Tu te flattes d'avoir son cœur ;
Si tu me prouve ton bonheur ,
    Je la rends à la France.

RICHARD.

AIR. *Qu'il me plaisoit infiniment.*

Ah quels vont être ses plaisirs ,
En revoyant celui qu'elle aime *!*
Je suis l'objet de ses desirs ;
Elle ne vit que pour moi-même.
Vous la verrez se troubler ,
    S'enflammer ,
    Me baiser ,
    M'embrasser ,
    Me presser
    Si tendrement ,
Que vous me croirez sûrement.

PAGAMIN.

O Dieux !

SCENE XI.

FATIME, PIERROT, RICHARD, PAGAMIN, BARTHOLOMÉE.

RICHARD.

Air. *Ah ! j'ai tout vû.*

AH je la vois,
O ciel, je perds la voix,
Quels momens,
Dieux ! Je sens
Mille raviſſemens.

PIERROT.

Hé bon jour, notre charmante pupile.

Air. *J'ſuis bien-aiſe de vous l'dire Catin.*

Que le ſéjour de la Turquie
Pour les femmes eſt un beau fard ;
Je vous en trouve plus jolie ,
L'amour eſt dans votre regard ;
Vous n'avez plus , ne vous déplaiſe ,
Cet air qui vous rendoit ſi niaiſe.
J'ſuis bien aiſe de vous l'dire enfin ;
C'eſt que ça vous va bien.   *bis.*

RICHARD.

Air. *Menuet d'Exaudet*, ou *Quel oiseau.*

Que d'appas !
Dans mes bras
Viens te rendre,
Viens me jurer que ton cœur
Fidele à ton Tuteur,
Est toujours aussi tendre.
Ne crains pas ;
Dans mes bras
Viens te rendre.

FATIME.

Reprenez un peu vos sens,
Vous pourriez trop longtems
L'attendre.

RICHARD.

O Dieux ! quelle est ma surprise !

PAGAMIN *à part.*

Se peut-il qu'elle déguise ?

RICHARD.

Est-ce toi ?
Connois moi :
Point de feinte,
De contrainte,
Tu peux dévoiler ton cœur
Et montrer ton ardeur
Sans crainte.

BARTHOLOME'E.

Non, Seigneur,
La pudeur
Et mon age
M'ordonnent trop le fecret ;
Et s'il eft quelqu'objet
Qui dans ces lieux m'engage ,
Dans mes yeux
Beaucoup mieux
Il peut lire ;
Qu'il y cherche mon aveu.

RICHARD.

Ce trait là doit parbleu
Suffire.

PAGAMIN.

Ses yeux fe font tournez vers moi , quel préfage?

RICHARD.

Air. *L'occafion fait le larron.*

Peut-on le dire avec plus de fineffe ,
Tu viens ma chere de me rajeunir ,
Vous connoiffez Pagamin , fa tendreffe ,
Vous devez nous laiffer partir.

PIERROT.

Et vogue la galere , lanlere , lanlere ,
Et vogue la galere , tant qu'elle pourra voguer.

PAGAMIN.

PAGAMIN.

Air. *Lon la.*
Qu'elle dise nettement
Que vous êtes son **Amant**

RICHARD.

Mais cette pudeur....

PAGAMIN.

Offense une ardeur
Que vous croyez extrême.

RICHARD.

Allons, fais-lui ce plaisir là,
Dis-moi que ton cœur m'aime
Lon la,
Dis-moi que ton cœur m'aime.

BARTHOLOME'E.

Air. *Je ne sçais quel desir me presse.*
Hé pourquoi faut-il vous le dire ?

RICHARD.

C'est que rien n'est plus vrai.

BARTHOLOME'E.

Quel doux rapport est entre nous ?

RICHARD.

Tiens, je vois que ton cœur soupire.

BARTHOLOME'E.

Mais qui vous dit que c'eſt pour vous.

Même Air.

Je ſens bien que mon cœur palpite ;
Eſt-ce l'amour, ſont-ce ſes coups,
C'eſt peut-être lui qui m'agite,
Mais qui vous dit que c'eſt pour vous

PIERROT.

Ahi, ahi, ahi.

RICHARD.

Quoi, tu veux diſſimuler ?

PIERROT.

AIR. *Toutes les Meres toujours ſéveres.*

Oh point de honte,
Il fait ſon compte
Malgré ſa toux
D'être un jour votre époux ;
Et c'eſt pour vous
Que les mers il affronte,
Il fend pour vous
L'Océan en courroux.

RICHARD.

AIR. *Sa taille eſt raviſſante.*

Ta jeuneſſe charmante
Sans ceſſe m'occupoit ;

Comme une tendre plante
Ma main te cultivoit.
Tu paroiſſois ravie
Des ſoins que je prenois,
Pour s'unir à ma vie
Dès-lors je t'élevois.

N'étois-tu pas la plus heureuſe créature du monde avec moi ?

BARTHOLOME'E.

Heureuſe ? Moi, avec vous ! En effet vous vous occupiez fort de me rendre la vie agréable ?

AIR. *C'eſt une excuſe.*

Quand je voulois me promener,
Manquiez-vous pour m'en détourner
D'employer quelque ruſe ?
Du ſoir vous craigniez le ſerein,
Ou bien la fraicheur du matin.

FATIME.

Ah quelle excuſe !

BARTHOLOME'E.

AIR. *Le branle de Mets.*

Vous aviez à votre terre
Un certain jeune Valet
Qui jouoit du flageolet
Mieux qu'un maître n'eût pû faire ;

Un jour qu'il me fit danſer ,
Vous eûtes tant de colere ,
Un jour qu'il me fit danſer ,
Que vous le fites chaſſer.

RICHARD.

Je l'avoue, je n'aimois pas à te voir danſer avec
un autre que moi.

BARTHOLOME'E.

Et vous ne danſiez jamais ; tenez , je m'en rap-
porte à Pierrot.

FATIME.

Allons , ſi tu ne déguiſes rien , je verrai ce que
j'aurai à faire pour toi.

PIERROT.

Ma foi , je ſuis de l'avis de Mademoiſelle.

RICHARD.

Comment, coquin ?

PIERROT.

Air. *Ma ſervante eſt jeune & fringante.*

Dans la peine
Toute la ſemaine ,
Jamais un moment
De divertiſſement.

   Point d'amie ,
  Point de compagnie
Quoiqu'elle vous dit ,
Tout étoit interdit.
  Au Calendrier
Qui toujours l'ennuie
  Sans quartier
Il faut facrifier
Tous les plaifirs ,
Et jufqu'aux défirs ;
C'eft chaque jour
Un nouveau détour.
Bref en total
Tout eft égal ,
Trifte & frugal
Jamais de Bal
  Ni Carnaval.
Dans la peine , &c.

PAGAMIN.

Quel doux efpoir !

RICHARD.

Ah traître !

BARTHOLOME'E.

AIR. *Des Folies d'Efpagne.*

Chaque matin , c'étoit quelque fcrupule ,
Ou le grand froid , ou la pluie , ou le ven.,
Puis les brouillards , & puis la canicule ,
Mieux eut valu refter dans un Couvent.

PIERROT.

AɪR. *Contredanse de M. d'Auvergne.* Nᴏ. 4.

Vous faisiez semblant
Pour la tenir chez vous toujours en retraite
Vous faisiez semblant
D'avoir trouvé quelque signe mal aisant ;
Tantôt vous aviez vû dans le champ
Un bouc qui portoit de longues cornes sur la tête,
Ou bien de la lune le croissant,
Ou bien entendu du coucou le sinistre chant ;
Vous faisiez semblant, &c.

BARTHOLOME'E.

AɪR. *Gai, gai, mon Officier.*

Oui je veux être franche,
Le Lundi,
Le Mardi,
Jamais de carte blanche
Mercredi
Ni Jeudi,
Le Vendredi
Le Samedi
Aucun loisir
Point de plaisir,
Mais quel destin
Chez Pagamin,
C'est tous les jours Dimanche.

PAGAMIN.

O ciel, qu'entens-je, ah Bartholomée !

AIR. *Quand je vous ai donné mon cœur.*

Et bien, recevez donc mon cœur,
Et toute sa tendresse;
Et s'il se peut que votre ardeur
Redouble mon ivresse,

BARTHOLOME'E.

Hélas ! je mourrois de douleur
En cachant ma foiblesse.

RICHARD.

Ah je suis trahi !

PIERROT.

AIR. *C'est ainsi qu'on prend les Belles.*

Pour moi, je conçois sans peine
Qu'on vous préfere un rival ;
Tant que dure la semaine
Un Turc chez lui donne le bal ;
C'est ainsi qu'on prend les belles
Lon la,
Ogué lon la.

Allez, allez, consolez-vous, vous êtes trop heu
reux d'être refusé.

AIR. *Et oui, parlà morguenne.*

Fille de quinze ans
Fait en ménage
Rage,
Quand l'himen l'engage

C iv

Au fort d'un barbon
Accablé par l'âge
Et qui n'a rien de bon ;
Noife & querelle
Haine éternelle
Ne font encore que bagatelle.
Elle
Devient infidelle
Puis fur le front de fon mari
Et oui par la marguenne tatidienne oui.

RICHARD.

Je déteste la Turquie , les Turcs & toutes les femmes.

BARTHOLOME'E.

Ariette de la Scene III. du Jaloux corrigé No. 5.

Hé quoi donc vous retournez   *bis.*
Avec un pied de nés ,
Deux pieds de nés ,
Trois pieds de nés ?

RICHARD *à Pierrot.*

Ne me fuis pas , coquin , je te hais prefque autant que Bartholomée.

FATIME.

Ton procédé m'a touchée , va , va , je t'en confolerai peut-être.

SCENE XII. *& derniere:*

PAGAMIN, BARTHOLOMÉE, FATIME, PIERROT.

PAGAMIN.

QUEL destin est plus heureux que le mien!

AIR. *Tyrcis au bord de la Seine.* No. 5.

Tant que l'épine fleurie
Reverdira dans nos champs,
Tant que la rose chérie
Couronnera les amans,
Toujours nous aimer
    Landerirette,
Jamais ne changer,
    Landeriré.

BARTHOLOME'E.

Tant qu'on verra l'hirondelle
Nous annoncer le printems,
Et tant que la tourterelle
Sentira des feux constans,
Toujours nous aimer, &c.

PAGAMIN.

Tant qu'on verra l'onde claire
Suivre constamment son cours;
Tant qu'on verra la fougere
Servir de thrône aux amours;
Toujours nous aimer, &c.

PIERROT.

Hé bien belle raisonneuse !

FATIME.

Tu peux me suivre , nous verrons.

PIERROT.

Air. *Robin turelure.*

Au Serail je vais entrer ,
Pourvû qu'avant l'on me jure
Qu'on sçaura m'y préserver ,
Turelure ,
D'une certaine avanture ,
Robin turelure.

Car je t'avertis que je ne suis pas curieux de devenir propre à chanter quelque jour la haute-contre parmi les Bouffons de l'Opéra.

FIN.

APPROBATION.

J'AI lû par ordre de Monseigneur le Chancelier , *le Calendrier des Vieillards* , *Opéra Comique* faisant partie du Recueil des Piéces qui ont été jouées sur le Théâtre de l'Opéra Comique : Et je crois que l'on peut en permettre l'impression à Paris ce 25 Juin 1753.

CRE'BILLON.

Le Privilége & l'enregistrement se trouve à la fin du nouveau Recueil des Piéces Nouvelles , qui ont été Représentées sur le Théâtre de l'Opéra Comique.

LE CALENDRIER DES VIEILLARDS.

ROMANCE de M[r]. Rameaux le Neveu.

CONTREDANCE.

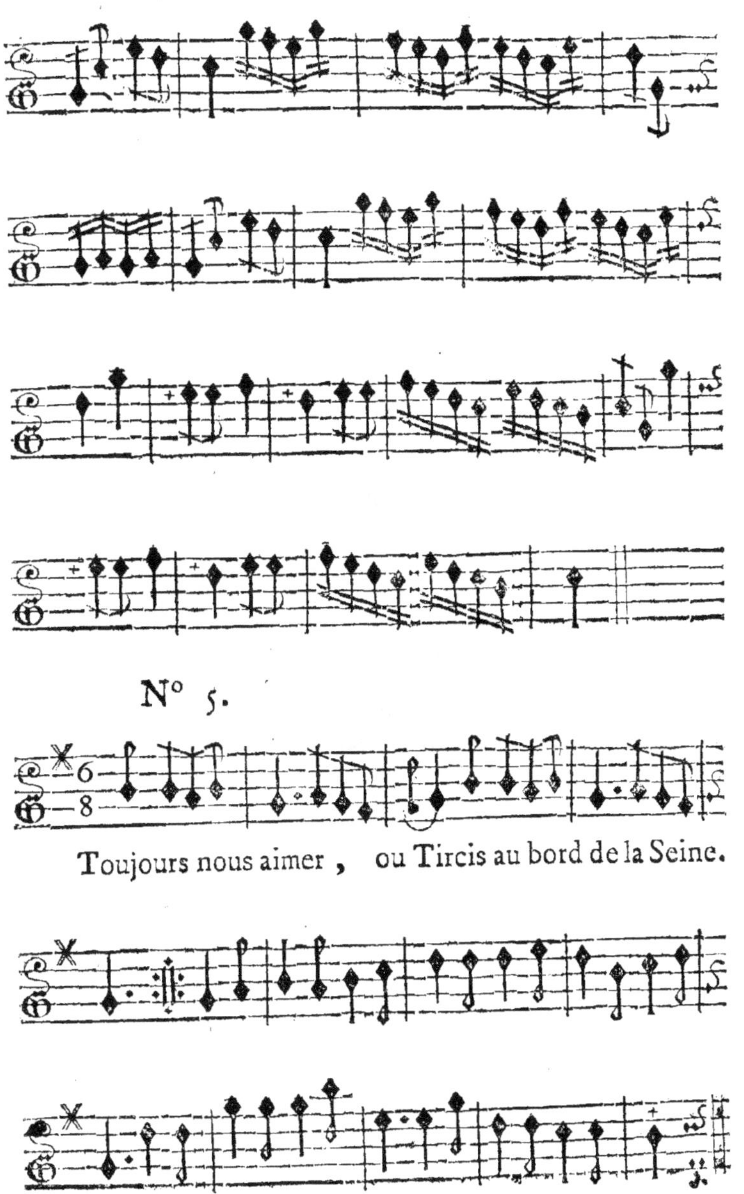

N° 5.
Toujours nous aimer , ou Tircis au bord de la Seine.

NOUVELLES PIECES DE THE'ATRE
détachées.

LE Magnifique, *Comédie avec un Divertiſſement.*
Le Miroir , *Comédie.*
Le Bacha de Smirne , *Comédie.*
L'Année Merveilleuſe , *Comédie.*
La Mort de Bucephale.
Le Pot-de-chambre caſſé , *Tragédie* pour rire , & *Comédie*
  pour pleurer.
Le Retour de la Paix.
Le Prix du Silence.   } *de M. de Boiſſy.*
La Frivolité , 1753.
Mahomet , *Tragédie.*
La double Extravagance , *Comédie.*
Les parfaits Amans , ou les Métamorphoſes , *Comédie.*
Les Hommes *Comédie-Ballet* , 1753.
Le Philoſophe dupe de l'Amour , *Comédie.*
Alceſte , *Divertiſſement.*
Benjamin , ou reconnoiſſance de Joſeph , *Tragédie.*
Les Petits-Maîtres , *Comédie.*
Le Provincial a Paris , *Comédie.*
Les Fauſſes Inconſtances , *Comédie.*
La Feinte ſuppoſée , *Comédie.*
Califfe , ou la Belle Pénitente , *Tragédie.*
Mérope , *Tragédie nouvelle de M. Clément.*
Le Marchand de Londres , *Tragédie Bourgeoiſe.*
Le Plaiſir , *Comédie , avec un Divertiſſement,*
Vanda , Reine de Pologne , *Tragédie.*
Les Souhaits , *Comédie.*
Momus Philoſophe , *Comédie.*
Electre d'Euripide , *Tragédie.*
La Partie de Campagne , *Comédie.*
Cénie , *Piéce dramatique en cinq Actes.*
La Colonie , *Comédie.*
Le Valet Maître , *Comédie.*

La Gageure, *Comédie en trois Actes & en Vers libres.*
Les Mariages assortis, *Comédie.*
La Coquette fixée, *Comédie.*
Le Réveil de Thalie, *Comédie.*
L'École du monde, *Comédie.*
Le Retour de l'Ombre de Moliére, *Comédie.*
Varon, *Tragédie.*
Abaillard & Héloïse, *Piece dramatique.*
Les Engagemens indiférets, *Comédie.*
La Métempsicose, *Comédie.*
L'École des Peres, *Comédie.*
Callisthène, *Tragédie.*
Guftave, *Tragédie.*
La Métromanie, *Comédie.*
Les Courses de Tempé.
L'Héritier généreux, *Comédie.*
L'Amante ingénieufe, *Comédie.*
Les Veuves, *Comédie.*
La Fauffe Prévention, *Comédie.*

O P E R A-C O M I Q U E S.

La Fileufe, *Parodie d'Omphale.*
Le Poirier.
Le Bouquet du R O I.
Le Suffifant.
Le Rien, *Parodie des Parodies* de Titon.
Le Miroir magique.
Le Roffignol.
Les Fêtes de l'Hymen, ou la Rofe.
Le Calendrier des Vieillards.
Le Monde Renverfé.
La Magie inutile.
Le Retour favorable, ou le Temple de Momus.

} *de M. Vadé.*

*Il fe vend auffi chez le même Libraire plufieurs Divertiffemens
de Pieces de Théâtre & autres Mufiques,*

S Ç A V O I R :

Recueil de Vaudevilles, Menuets, Contre-danfes &
Airs détachés, chantés aux Comédies, &c. 1 vol.   15 l.

Recüeil d'Airs , de Contre-danſes, Menuets & Vaudevilles chantés ſur les Théâtres de l'Académie Royale
  de Muſique & de l'Opera-Comique , 1 vol. *in*-8 .   12 l.
L'Amuſement des Dames, ou Recueil d'Airs choiſis ,
  1 vol. *in*-8 .   12 l.
La Toilette de Vénus dreſſée par l'Amour, 1 vol. *in*-8°. 12 l.
Le Paſſe-tems agréable & divertiſſant , ou le Nouveau
  plaiſir de l'Amour , 1 vol. *in*-8°.   12 .
Le Deſſert des petits ſoupers , 1 vol, *in*-8°.   12 l.

<hr>

De l'Imprimerie de BALLARD, ſeul Imprimeur du Roi
pour la Muſique, rue Saint Jean-de-Beauvais
à Sainte Cécile 1753.